DENKFUTTER

Bärbel Maiberger

Aphorismen plus …

Alle Rechte, insbesondere auf
digitale Vervielfältigung, vorbehalten.
Keine Übernahme des Buchblocks in digitale
Verzeichnisse, keine analoge Kopie
ohne Zustimmung des Verlages.
Das Buchcover darf zur Darstellung des Buches unter Hinweis auf den Verlag jederzeit
frei verwendet werden.
Eine anderweitige Vervielfältigung des
Coverbildes ist nur mit Zustimmung
des Coverillustrators möglich.

www.net-verlag.de
Zweite Auflage 2016
© net-Verlag, Tangerhütte
© Coverbild: Detlef Klewer
Covergestaltung: net-Verlag
printed in the EU
ISBN: 978-3-95720-137-9

Menschlichen Befindlichkeiten nach-
spürend, wird – manchmal erst auf den
zweiten Blick – richtig kombiniert »ein
Schuh« draus,
der vielen passt.
Dort, wo er zeitweise drückt – vielleicht
weil wir über Worte ins Stolpern
geraten –,
trifft er den wunden Punkt.
Das »Sich-einlassen-auf« sich selbst
sowie auch unser Miteinander führen
uns – im Hinterfragen der Gründe
unseres Verhaltens –
in den Stoff hinein.

**Kraftfutter bildet Muskeln,
Denkfutter bildet Meinung.**

Inhaltsverzeichnis

Kapitel I – VI
mit jeweils 30 Texten

I	Grund-Stoff	Seite 9
II	Treib-Stoff	Seite 40
III	Reiz-Stoff	Seite 71
IV	Wirk-Stoff	Seite 102
V	Bitter-Stoff	Seite 133
VI	Leucht-Stoff	Seite 164

Kapitel I

Grund-Stoff

Vielleicht not-wendiger-weise
ordnet Not unsere Werte
grundlegend neu.

Wenn wir etwas Einzigartiges leichtfertig verworfen haben, reden wir uns gern jeden Ersatz schön.

Gute enge Beziehungen
können auch Abstand halten.

Gering oder groß
werden die Dinge durch uns.

Was wichtig ist,
ist relativ,
da die Prioritäten sich ändern.

Selbst-/Verliebt spiegeln wir uns
ineinander,
liebend sind wir immer unterwegs
aufeinander zu.

Wo Ehrlichkeit
Rücksichtslosigkeit ist,
heiße sie nicht gut.

Um zu überleben
müssen wir das Leben riskieren.

Authentizität
ist das echte Gesicht,
keine Nachahmung.

Der Schild,
den wir zum Selbstschutz einsetzen,
entspricht der Größe unserer
Angst.

Wer vor Entscheidungen steht
und weiß, was er nicht will,
weiß schon viel.

Beziehungs-weise ist,
das zu kennen, worauf ich mich
beziehe.

An einem Rechtschaffenen ist nichts
zu beanstanden,
einem Recht-Schaffenden ist viel zu
verdanken.

Abgehobenes widerstrebt
Tiefgründigem.

Das Leben vom Ende her
betrachten
sollten wir, während wir es leben.

Gerechtigkeit ist,
nicht immer das gleiche Maß
jedem zuteilen.

Was wir bewusst ignorieren wollen,
hat unsere besondere
Aufmerksamkeit.

Nimm deine Stimmungen ernst,
aber lass dich nicht von ihnen
bestimmen.

Wes' Geistes Kind wir sind,
wird uns vielleicht erst bewusst,
wenn unser Erbe bedroht ist.

Hoffnung ist unkalkulierbar,
doch hat einen Grund.

Glaube ohne Herz
schließt Gottes Gegenwart aus –
bleibt Le(e)hrgebäude.

Wechsel – doch wohin?
Die entscheidende Frage
Zukunft be-deutend.

Das Leben verläuft
mit Chancen zur Änderung
an Scheidewegen.

Liebe ermöglicht
freie Entfaltung nur
im geschützten Raum.

Gottvertrauen nur
mangelndes Selbstvertrauen –
das ist der Trug-Schluss.

Unsre Konturen
ändern sich durch Bruchstellen
im Lebensspiegel.

Glaubwürdigkeit hat
weniger, was gesagt wird,
sondern wer es sagt.

Weg vom Gewohnten
registriert man sensibler
Zu- und Abwendung.

Etwas nicht zu verstehen,
sollte nicht ausschließen,
Verständnis entgegenzubringen.

Als Puzzleteil des Lebens
finde ich meinen Platz dort,
wo meine Kanten zu denen
anderer passen.

Kapitel II

Treib-Stoff

Heute ist der Tag
aus dem Zeitplan gefallen.
Heb ihn auf für jetzt.

Nur Liebe liefert
schadstoff-freie Energie,
die Leben erhellt.

Geistesblitze treffen oft
aus heiterem Himmel
ins Schwarze.

Einen kleinen Knoten zu lösen,
kann etwas in Fluss bringen,
das in Großem mündet.

Geistige Ausflüge
bringen frischen Wind
in verstaubte Ansichten.

Vom Gebrauchsanweisung-Lesen bekommt man in der Tat keine Übung.

Für einzigartige Aussichten gehen wir Risiken ein und lehnen uns auch mal zu weit aus dem Fenster.

Gedanken muss man zügeln
und auf das Ziel ausrichten,
damit sie die Hürde nehmen
und überspringen.

Sich einmischen
kann helfen, doch
»sich« meint nicht jeden jederzeit.

Damit etwas leicht wirkt,
bedarf es oft großer
Anstrengung.

Teil deines Musters
im Mosaik des Lebens –
der Stein, der dich traf.

Im Sich-Zurücknehmen
trainiert Geduld ihren langen Atem.

Wo jeder denkt, der andere
habe etwas wiedergutzumachen,
wird nichts besser.

Wir sind Spieler
und versuchen, andere für das Spiel
zu gewinnen,
bei dem wir uns die
größtmöglichen
Gewinnchancen errechnen.

Dasselbe ehren eint,
dasselbe begehren entzweit.

Was wir in die Hand
nehmen können,
sollten wir anpacken,
bevor es uns über den Kopf wächst.

Der Punkt des
äußerst Erträglichen
liegt an der Grenze zu
»über Gebühr«;
dort angekommen, gibt es nur noch
»entweder oder«.

Loslassen ist nur dann
mutig und befreiend,
wenn nicht Leichtsinn
oder Resignation der Auslöser ist.

Die Eitelkeit ist eine Süchtige,
die immer mehr Stoff
zu ihrer Befriedigung braucht.

Uns're Träume sind
ohne eingelegten Gang
Motor im Leerlauf.

Innere Stärke
sieht in Schwächen Potential
zur Verbesserung.

Glaube ohne Herz
schließt Gottes Gegenwart aus –
bleibt Le(e)hrgebäude.

Wenn du nicht mehr kannst,
konzentriere dich nur auf
einen nächsten Schritt.

Wofür ich brenne,
setzt meine Energie frei.
Wofür brenne ich?

Vertrauen schenken,
damit es der Beschenkte
sich verdienen kann …

Nicht-Teilen-Können
ist ein Grund loszulassen,
was wir begehren.

Es fehlt an Reife,
wo das Kind in uns erzieht,
da stecken wir fest.

Lob motiviert uns,
und Komplimente schmeicheln –
nur Wertschätzung ehrt.

Lebensrollen sind
durch die Kindheit geprägt, doch
nicht festgelegt.

Vom Wunsch getrieben,
der Routine zu entflieh'n,
bleiben wir sprunghaft.

Kapitel III

Reiz-Stoff

Wer mit der Dreistigkeit liebäugelt,
 ist schon dabei,
 dem Hohn die Hand zu reichen.

Schmetterlinge im Bauch werden manchmal zu Grillen im Kopf, die die Wahrnehmung trüben.

Mancher Ansichten sind noch nicht
einmal stubenrein,
geschweige denn salontauglich.

Wer immer im Mittelpunkt stehen
will,
braucht ständig einen Kreis
an Bewunderern um sich.

Wer aus dem Überfluss schöpft und gibt,
gibt nichts von sich selbst.

Wer sich viel leisten kann,
leistet sich auch gern einmal
Verzicht.

Feste Beziehungen dienen
manchem
als sicheres Sprungbrett für
Höhenflüge,
um in anderen Gewässern
zu landen.

Männer umwerben Frauen,
doch leider selten auf Dauer die
eigenen.

So manches Problem könnte
vermieden werden
durch die richtige
Entscheidung, wann wir
Widerstand leisten oder ihn
aufgeben sollten.

Wer nicht neidisch ist,
den beneiden Neider wohl
umso mehr – zu Recht.

Im Abstürzen und auf dem
Höhenflug
verlieren wir die Bodenhaftung
und den sachlichen Bezug.

Beim Die-Treppe-hinauf-
oder-herauffallen
wirken starke Kräfte des Anstoßes
oder der Anziehung.

Blumiges diente immer schon
zur Beschönigung.

Verliebtheit ist
die eitle Seite der Liebe in
Feststimmung;
sie hat Suchtpotential
und im Alltag einen schweren
Stand.

Vertrauensbildende
Maßnahmen sind Betrug,
wenn sie nur Selbstzweck sind.

Standhaftigkeit ist eine
aufrichtige Haltung,
Sturheit eine Fehlhaltung.

Wenn wir etwas um jeden Preis
wollen,
sind wir in Gefahr,
uns zu verkaufen.

Den Ast, auf dem man
uns aufhängen könnte,
sollten wir rechtzeitig selbst
absägen.

Nichts zu verbergen zu haben,
ist eine Begründung dem, der sich
entblößen will.

Auf etwas zu bestehen
ist nicht immer ein Zeichen von
Standhaftigkeit.

Die Welt nur rosarot oder grau zu sehen
hat wenig mit äußeren Bedingungen zu tun.

Träume zu verwirklichen
ist auch eine Art,
Illusionen zu zerstören.

Sicherheit ist uns,
was wir in der Hinterhand
verwahren
und uns verwehren.

Selbstverwirklichung –
dein Schlagwort für den Partner,
bevor du abtauchst.

»Kopf hoch« dem zu raten,
dem das Wasser bis zum Hals steht,
ist nicht hilf-reich.

Die Ruhe täuscht.
Hinter der Gelassenheit
verbirgt sich gern Trägheit.

Was gut für uns ist,
wissen andere immer
besser – für sie selbst.

Männer mutieren
zu Frischluftfanatikern
schnell im Cabrio.

Wir kehren gerne
vor der eigenen Haustür
alles Fremde weg.

Beim Versuch, Ideen zu vernetzen, zeigt sich, was haltlos und was tragfähig ist.

Kapitel IV

Wirk-Stoff

Reue bewirkt Umkehr,
Abkehr schaut nicht zurück.

Hoch Aufgehängtes
fällt nicht nur tief,
sondern dann auch auf.

Die Haut wird dünner,
je öfter oder stärker man sich
verbrennt –
Hornhaut zählt nicht.

Unsere Vorlieben sprechen für sich
über uns.

Vorurteile
gehen mit dem Kainsmal
durchs Leben.

Seelische Schmerzen
heilen nicht durch Placebos –
Liebe zeigt Wirkung.

Nie sind wir stärker
und zugleich verletzlicher
als in einer innigen Beziehung.

In jedem Tun lernen wir
dadurch, wie wir es tun,
etwas über uns selbst.

Aalglattes – ohne Reibungsfläche –
ist schwer greifbar.
Ecken und Kanten prägen sich ein.

Namen sind Schlüssel,
die dem Träger Türen aufschließen
und verschließen können.

Keine Zeit für sich allein
macht einsam.
Zu viel Zeit mit sich allein
macht seltsam.

Angst ist eine Blinde,
die den ausgestreckten Arm als
Knüppel deutet;
Zweifel schaut durch die Lupe
und traut seinen Augen nicht.

Das Erbe annehmen ist eines,
sein Wert zeigt sich erst in der Verwendung,
oder es ist totes Kapital.

Patt-Situation,
wo sich keiner mehr bewegt,
steht der Verlust fest.

Verlust trifft jeden,
der das Risiko meidet,
dem entgeht Gewinn.

Misstrauen deutet
Neues nach altem Muster –
verkennt die Chancen.

Auf den Punkt bringen
erfordert Reduktion auf
das Bezeichnende.

Wo Erkenntnis nicht
zu einem Bekenntnis führt,
kommt noch nichts in Gang.

Wer ins Licht tritt, weiß,
eine Folge davon ist
Schatten ertragen.

Ohn-Macht trifft nicht zu,
wo meine Schulter mitträgt
den Unterdrücker.

Überschauende
verfolgen eine Linie,
haften nicht am Punkt.

Mit Würde dienen
kann, wer sich gewürdigt weiß
mehr noch, wer geliebt.

Geschmacksverstärker
steuern nicht nur was – auch wer
als gut und schön gilt.

Hinter sich selbst steh'n
sorgt für die entscheidende
Rückendeckung.

Nachtun hat zuvor
Schritt für Schritt beobachtet –
wird dann Erfahrung.

Wer viel zu sagen hat,
braucht nicht unbedingt
viele Worte,
um Menschen anzusprechen.

Durch Hervorheben
von uns selbst sinken wir
im Anseh'n andrer.

Inszeniertes bleibt
den Gästen vorbehalten –
nur ein Freund blickt durch.

Wir bedeuten neu,
wo wir was hineindichten,
folgt ein andrer Schluss.

Sesshaft werden, wo
ein Platz für mich zu leben –
wozu noch aufsteh'n.

Kapitel V

Bitter-Stoff

Erkenntnis ist ein nie endender
Prozess,
doch wir fällen endgültige
Urteile.

Berechnende Großzügigkeit
ist Erniedrigung.

Die Last, die wir hinter uns
herziehen,
holt uns ein,
wenn es bergab geht.

Tod wirft Fragen auf
zu Vergangenheit, Gegenwart und
Zukunft –
wir begraben sie dann schnell.

Ohne Gespür dafür,
woher der Wind weht,
lassen wir Türen zuschlagen.

Nach einer Schlammschlacht im
hausgemachten Sumpf
werden wir schwer,
uns am eigenen Schopf
herausziehen können.

Bedenken-los
machen Vorurteile
andere zu Opfern.

Sich zu verkaufen,
hat seinen Preis,
den man selbst bezahlt.

Mancher Verzicht könnte unser
Leben bereichern,
doch wir sind kurzsichtig
und halten das Naheliegende fest.

»In Wahrheit« ist eine
Redewendung,
mit der wir gern eine
abweichende
eigene Meinung äußern.

Die Vorsehung dient
gern als Entschuldigung für alles,
was durch uns ein Nachsehen hat.

Wir brechen ein Versprechen,
doch Brüche können heilen.
Wir lösen einen Bund auf –
das ist irreversibel.

Wer seine eigenen Werte mit
Füßen tritt,
macht sich selbst zum Opfer.

Haltungsnoten werden leider nur
für
Körperhaltung vergeben.

Wer kein Herz zeigt,
hat seinen Schatz vergraben.

Betretene Mi(e)nen –
über Leben entscheidet nur ein Buchstabe.

Vermessenheit tanzt
am Abgrund ignorierend
die Absturzgefahr.

Zu wem ich aufseh',
dem ermögliche ich auch
herabzusehen.

Willkür herrscht dort,
wo Minderwert mit Allmacht
zu Größenwahn wird.

Despoten thronen
auf den Rücken derer,
die sie selbst beugen.

Der Spaß hört dort auf,
wo Witze über andere
dann uns betreffen.

Dort, wo Freundschaften
Prüfungen nicht standhalten,
ist's nur Kumpanei.

Wir wollen frei sein,
doch die Abhängigkeit bleibt
nur ein Tauschgeschäft.

Wer Macht gekostet,
giert nach der Steigerungsform
Aller-Mächtigster.

Scheintot-geschwiegen
treibt Missbrauch sein Unwesen –
schlägt Seelenmacken.

Aleppo steht längst
nicht mehr allein für das Leid
im Syrienkrieg.

Auf uns selbst gestützt,
suchen wir vergeblich Halt,
wenn die Kraft nachlässt.

Neid offenbart sich
nicht nur in Schadenfreude,
wo er wächst zu Hass.

Ein Flüchtling ging durch
Krieg, Hungersnot, Verfolgung –
kann auch uns treffen.

Erbgut schädigend
macht Unversöhnlichkeit krank –
chronisch die Folgen.

Kapitel VI

Leucht-Stoff

Höflichkeit lernt man,
Achtung verträgt keinen Zwang.
Liebe kennt beides.

Gutes sich gönnen
und Glückspolster anlegen
für harte Zeiten.

Selbstlosigkeit sieht die
Bedürftigkeit
und gibt ohne zu rechnen –
nicht einmal mit Dank.

Es ist der eine Moment,
in dem ein unscheinbarer
Wunsch uns erfüllt wird,
der Leben verändern kann.

Das große Glück ist
letztlich das Ergebnis
von vielen kleinen
Glücksmomenten,
die wir sammeln und bewahren.

Herzenswünsche erfüllen,
weitet Herzen und verschafft
dem Glück mehr Raum.

Wer hilft,
hat schon einen Vorteil.

Gemeinsam essen
mit Fremden an einem Tisch –
Welten nähern sich.

Carpe diem
ist ein Leitspruch dem,
der Morgenluft wittert.

Verständige haben gelernt,
aus vielen Stimmen
die tragende herauszuhören.

Sternstunden leuchten
besonders heraus,
wenn sie aus dunklen Zeiten
hervorgehen.

Liebe sieht dich unbeschadet,
wenn du dein Gesicht verlierst.

Bewunderung ist
ein wackeliger Thron – nur
Liebe gibt uns Halt.

Wo die Denkschablonen
verrutschen,
eröffnen sich neue Perspektiven.

Wir sind besonders,
wenn wir es für jemand sind.

Sein Herz zu verlieren
ist im Glücksfall
der höchste Gewinn.

Entgegenkommen
verringert
die Distanz.

Innere Haltung
macht dich zum Herrn der Lage
trotz Widrigkeiten.

Standhaftigkeit kann
der Gefallene lernen,
manchmal auch lehren.

Umkehr fällt leichter
vom Gedanken beflügelt:
Man sehnt sich nach mir.

Positiv denken
macht aus zwei Minus ein Plus
und rechnet damit.

Genieß jeden Tag
im bewussten Erleben –
er kommt nie wieder.

Einen Vorteil hat,
wer seine Schwachstellen kennt
und berücksichtigt.

Den Kampf verloren.
Erneut sich überwinden,
zeichnet Sieger aus.

Zuverlässigkeit
hat bereits Belastungen
standhalten können.

Wertschätzung kommt an.
Dort, wo uns was wichtig ist,
berührt sie das Herz.

Nachsicht üben sieht
als Großmut gegen andre
von sich selber ab.

Kinder kosten uns
weniger, als was sie uns schenken
– eine Zukunft.

Nicht irgendein Teil,
sondern ein wichtiger Teil eines
Ganzen
wollen wir sein.

Die Hoffnung ist eine Stalkerin,
nicht loszuwerden – hoffentlich.

Bärbel Maiberger,*1954 in Mühlacker; Verwaltungsbeamtin bis 2000. Ein Jahr Auslandsaufenthalt mit der Familie. Danach und aktuell Lehrerin für Deutsch als Fremdsprache. Veröffentlichung von vorwiegend Lyrik ab 2002, zudem Prosa, Haiku und Aphorismen in Literaturzeitschriften, zahlreichen Anthologien und im Internet, Lesungen. Gedichtband
»SCHNITT:STELLEN«
erschienen 2008 im Engelsdorfer Verlag, Aphorismen »Den Nerv getroffen« 2013, Verlag Bauschke, Glödnitz, Österreich,

»SCHRITT:FOLGEN«, erschienen 2014 im net-Verlag.

Auszeichnungen u.a. beim Literaturwettbewerb Skulpturenweg Kaufbeuren.

www.baerbel-maiberger.de